GRANDE
TUILERIE

MÉCANIQUE ET PERFECTIONNÉE

DU LIMOUSIN

ÉTABLISSEMENTS

DE LAVAUD ET DE LA BRETAGNE

Siége social

SAINT-JUNIEN

HAUTE-VIENNE

STATUTS

LIMOGES

IMPRIMERIE DE CHAPOULAUD FRÈRES

Rue Montant-Manigne, 7

— PARIS, 15, RUE DU PARC-ROYAL —

1875

Pour qu'une industrie céramique soit prospère, il lui faut des terres excellentes et un outillage parfait. — Partant de ce principe, les établissements de Montchanin, Vierzon, Périgueux, Villeneuve-sur-Lot, Toulouse, Saint-Ouen et Saint-Henry de Marseille, Blois, Paris, etc., ont constitué des sociétés qui ont élevé ces usines au premier rang dans la fabrication des produits céramiques, tels que tuiles comprimées à emboîtements ; briques réfractaires, comprimées, creuses et autres ; carreaux ; ornements divers pour bâtiments.

Le Limousin, favorisé exceptionnellement par ses riches carrières argileuses, mais surtout non calcaires, ne possède pas encore d'établissement outillé pour la fabrication des tuiles et briques, qui deviennent chaque jour des objets de première nécessité pour les bâtiments modernes. Ces éléments économiques de construction ont été peu employés jusqu'à ce jour, en raison de l'élévation du prix des transports, causé par l'éloignement des établissements de production.

L'usine de la Bretagne, près Saint-Junien, a déjà une réputation bien établie par ses produits de première qualité.

C'est pour arriver à une production constante permettant de remplir journellement toutes les commandes qui lui sont adressées, qu'une Société est offerte par M. Sensaud fils, propriétaire de ladite usine et d'un très-grand nombre de carrières, qui depuis trois ans a su acquérir non-seulement une grande clientèle, mais encore des connaissances sûres et variées dans cette branche d'industrie.

Aussi fait-il appel à tous les propriétaires, constructeurs, architectes, entrepreneurs, industriels, qui ont intérêt à se procurer à prix réduit des produits céramiques qui ne seront plus grevés des frais onéreux de transport comme ceux des grandes usines sus-indiquées, qui alimentent le Limousin.

TITRE PREMIER.

Constitution de la Société. — Sa dénomination. — Sa durée. — Son but. — Son siége.

ARTICLE PREMIER.

Il y aura entre M. Sensaud et les personnes qui souscriront les actions dont il sera ci-après parlé une Société en commandite par actions, ayant pour but l'exploitation de l'usine de Lavaud et de la Bretagne, la fabrication et la vente de ses produits, et toutes les opérations qui en forment le complément nécessaire.

ART. 2.

Cette Société ne sera définitivement constituée et ne pourra commencer ses opérations qu'après : 1º la souscription de la totalité du capital social et le versement, par chaque Souscripteur, du quart au moins des actions par lui souscrites, le tout constaté par la déclaration de MM. Sensaud et . . . . dans un acte qui sera dressé en suite des présentes ; 2º l'approbation de la révision des présents Statuts dans deux Assemblées générales des Actionnaires, qui devront délibérer successivement, conformément aux dispositions de l'article quatre de la loi du dix-sept juillet mil huit cent cinquante-six.

ART. 3.

Aussitôt que la seconde Assemblée générale aura décidé la constitution définitive de la Société et nommé le Conseil d'administration, la Société commencera ses opérations, qui continueront jusqu'au premier février mil huit cent quatre-vingt-dix, jour fixé pour sa dissolution.

ART. 4.

Le siége de la Société est établi dans ladite usine de la Bretagne, commune de Saint-Junien. Des bureaux pourront être établis en la ville de Saint-Junien, pour les besoins de l'exploitation.

ART. 5.

La raison sociale sera : « SENSAUD FILS ET COMPAGNIE ».

ART. 6.

M. Sensaud sera seul responsable de tout ce qui se rapportera à la fabrication des produits, et, de son côté, M. . . . . sera seul responsable de l'exploitation commerciale de ladite usine ; il aura seul la signature sociale. Les personnes qui souscriront pour des actions seront simples commanditaires, et ne pourront jamais être tenues des engagements de la Société au-delà de leur mise de fonds.

ART. 7.

Les Directeurs ne pourront faire aucune opération étrangère au but de la Société, et le Directeur commercial ne pourra souscrire aucun effet de commerce, billet ou lettre de change pouvant engager la Société en dehors de ses opérations. Tous les achats devront être faits au comptant ; néanmoins le Directeur commercial pourra souscrire des billets pour la fourniture à terme, soit pour l'achat, soit pour la vente des marchandises et produits manufacturés ; mais, pour ce qui concerne les achats de matières premières, il sera stipulé que chaque livraison faite à la Société sera payée au moment où elle sera effectuée et acceptée, à moins qu'il n'en soit autrement décidé par le Conseil d'administration.

TITRE II.

*Fonds social. — Apport à la Société. — Actions. — Versements.
— Fonds de réserve.*

ART. 8.

Le fonds social est fixé à *deux cent cinquante mille francs* divisés en cinq cents actions de cinq cents francs chacune.

ART. 9.

Ces actions, numérotées de une à cinq cents, seront nominatives jusqu'à leur entière libération. Elles seront extraites d'un registre à souche, et signées par le Directeur commercial. Ce registre sera déposé, à Saint-Junien, entre les mains de M. Duvoisin-Mazorie, Banquier de la Société, qui délivrera les actions, et y opposera sa signature au moment de la délivrance. Son visa ne pourra avoir pour effet de l'engager en aucune manière vis-à-vis des Souscripteurs.

ART. 10.

M. Sensaud apporte à la Société les immeubles dont la désignation précède et tous les outils, machines, instruments et autres valeurs mobilières détaillées en l'état qui sera annexé à l'acte complémentaire, pour la somme de cent mille francs, montant de l'estimation qu'il en a faite.

Ce chiffre pourra être révisé, s'il y a lieu, par l'Assemblée générale des Actionnaires.

ART. 11.

M. Sensaud aura droit, en raison de cet apport, à deux cents actions représentant le montant en capital des valeurs mobilières et immobilières ci-dessus établies. Sur ces deux cents actions, cent seraient inaliénables, et serviraient de cautionnement à MM. Sensaud et . . . ., pour chacun moitié.

Les trois cents actions de surplus seront souscrites par les personnes qui en feront la demande, ou négociées au profit de la Société par les soins de M. Duvoisin-Mazorie, Banquier.

Art. 12.

Les Souscripteurs des actions à émettre devront verser, au moment de leur souscription, entre les mains du Banquier de la Société, une somme de cent vingt-cinq francs, formant le quart du chiffre de chaque action.

Quant au surplus, il sera payable, savoir : un quart dans le mois qui suivra le jour de la constitution définitive de la Société ; le troisième quart, deux mois après cette même constitution de la Société, et le quatrième quart, trois mois après la constitution définitive de la Société.

En cas de retard par les Souscripteurs, il sera dû par eux, de plein droit, dix jours après l'échéance et jusqu'à parfait paiement, un intérêt moratoire à cinq pour cent par an : cet intérêt courra du jour fixé pour le paiement.

Dans le cas où, à l'échéance des dix jours de délai accordés, la libération du Souscripteur n'aurait pas eu lieu, la Société pourra, après un simple avis au Souscripteur, par lettre chargée, prononcer la déchéance du Souscripteur, et lui rembourser les sommes qu'il aurait versées, ou en poursuivre le paiement par toutes les voies de droit.

Art. 13.

Il sera délivré aux Souscripteurs, lors du versement du premier quart, un récépissé provisoire, et, lors du deuxième versement, ils recevront en échange une action nominative indiquant le montant des sommes versées et de celles qui resteront à payer pour la libération complète.

Les actions délivrées et libérées de plus des deux cinquièmes seront négociables ; mais les Souscripteurs originaires et les Cessionnaires demeureront solidairement responsables des paiements qui resteront à faire.

Art. 14.

Les actions entièrement libérées pourront être au porteur, et les propriétaires de ces actions auront toujours la faculté de les convertir en titres nominatifs, et de les rendre de nouveau au porteur chaque fois qu'il leur conviendra de faire opérer ces conversions.

Art. 15.

La cession des actions au porteur s'opèrera par la simple transmission du titre; quant à celles qui sont nominatives, elles seront transférées par une déclaration de transfert inscrite sur les registres de la Société, signées par le Cédant et le Cessionnaire; il en sera fait au dos une mention, qui sera signée par le Directeur commercial.

Art. 16.

Les cent actions inaliénables appartenant par moitié aux deux Directeurs responsables MM. Sensaud et . . . . , seront entièrement libérées après la constitution de la Société. Ces actions devront être nominatives, pour rester déposées, à Saint-Junien, au domicile de M. Duvoisin-Mazorie, Banquier de la Société, pendant tout le temps de leur gestion, jusqu'à l'apurement de leur compte de gestion; elles seront inaliénables jusqu'à leur quitus définitif donné par le Conseil d'administration.

Les cent autres actions appartenant à M. Sensaud pourront être au porteur ou nominatives, à son choix, et elles seront négociables aussitôt après la constitution définitive de la Société.

Art. 17.

Les fonds provenant du versement des actions resteront déposés entre les mains du Banquier de la Société, à la disposition du Directeur commercial, qui en fera l'emploi dans l'intérêt de la Société et pour le développement de l'exploitation, et qui tirera des bons ou chèques sur le Banquier, au fur et à mesure des paiements à faire pour la Société. Néanmoins il ne pourrait disposer des vingt derniers mille francs qui seraient en caisse chez le Banquier de la Société, sans, au préalable, faire connaître au Conseil d'administration quel devra en être l'emploi, cette somme étant destinée à former un fonds de roulement et parer aux éventualités et aux besoins imprévus, après toutefois avoir pris l'avis du Conseil d'administration.

Lorsque, pour une cause quelconque, cette somme de vingt mille francs aura été dépensée ou entamée, elle devra être reconstituée dans le plus bref délai possible, par des prélèvements faits sur les bénéfices de la Société.

Si, nonobstant la réserve stipulée, l'accroissement de l'entreprise exigeait l'emploi de capitaux plus considérables, il serait pourvu aux dépenses à faire soit au moyen d'un emprunt, soit par une nouvelle émission d'actions au pair. L'une ou l'autre mesure ne pourra être adoptée que par l'Assemblée générale des Actionnaires, réunis en nombre suffisant pour représenter les deux tiers du capital social. Ces actions seront réparties entre les Sociétaires qui en feront la demande, dans la proportion des actions dont ils seront alors propriétaires. Celles qui ne seraient pas soumissionnées seront vendues suivant le mode qui aura été fixé par l'Assemblée générale qui aura voté l'émission, mais elles ne pourront être émises au-dessous du pair.

Il pourra être prélevé annuellement, si l'Assemblée générale des

Actionnaires le vote, cinq pour cent sur les bénéfices pour constituer un fonds de réserve et parer aux éventualités de l'avenir.

TITRE III.

Intérêts. — Dividendes. — Comptes annuels.

ART. 18.

Chaque action donne droit à un intérêt annuel de cinq pour cent, payable à Saint-Junien, par semestre, les premier août et premier février de chaque année, et à un dividende proportionnel aux bénéfices réalisés par la Société, qui sera payable après le deuxième exercice de l'année, et en même temps que les intérêts du second semestre.

Pour le paiement des intérêts et dividendes, chaque action définitive au porteur sera accompagnée de coupons dont la forme et la teneur seront déterminées ultérieurement par les Directeurs, de concert avec les membres du Conseil d'administration.

ART. 19.

Il sera dressé, chaque année, par les Directeurs, dans le courant du mois de novembre, un inventaire général estimatif de toutes les valeurs actives de la Société et de tout le passif à sa charge.

Les membres du Conseil d'administration feront un rapport sur cet inventaire à l'Assemblée générale et sur les propositions des Directeurs relatives à la fixation des dividendes.

ART. 20.

Pour indemniser les Directeurs de leur travail et des soins qu'ils consacreront à la bonne gestion de l'entreprise, ils auront droit de toucher mensuellement à la caisse de la Société, sur leur simple reçu, une somme de trois cents francs chacun ; et, sur les bénéfices nets de la Société, et prélèvement fait des intérêts des actions, il sera attribué aux Directeurs, pour rémunération de leur gestion, en plus de la somme mensuelle de trois cents francs ci-dessus, vingt-cinq pour cent, entre eux et par égale moitié, desdits bénéfices.

Le surplus sera partagé par égale portion entre les cinq cents actions formant le capital social.

TITRE IV.

Direction. — Signature sociale.

ART. 21.

Les Directeurs seront chargés de l'administration de la Société suivant les attributions qui leur sont conférées; ils nommeront et révoqueront tous les employés et gens de service sous leurs ordres respectifs. Le Directeur commercial fera tous les marchés, conventions, ventes et achats de marchandises et matières premières. Tous les recouvrements seront opérés par lui; mais il devra, le jour de l'encaissement, en opérer le versement à la Caisse du Banquier de la Société.

M . . . . , Directeur commercial, aura seul la signature sociale; il ne pourra signer qu'en faisant précéder sa signature de ces mots :

« Par procuration de la Société en commandite

» SENSAUD FILS ET COMPAGNIE :

» *Le Directeur commercial,* »

Les Directeurs ne pourront remettre la gérance de leurs attributions respectives entre les mains d'un mandataire sans le consentement formel du Conseil d'administration, donné par délibération prise à la majorité, et dont il est dressé procès-verbal. Nonobstant cette autorisation, le Directeur remplacé reste responsable de tous les faits de son mandataire.

ART. 22.

En cas de décès de l'un des Directeurs, le survivant devra convoquer sans délai une assemblée générale des Actionnaires pour nommer un successeur au Directeur décédé.

Si le survivant des Directeurs venait lui-même à décéder, les Actionnaires seront immédiatement convoqués en assemblée générale par les soins des membres du Conseil d'administration, pour choisir un ou plusieurs Directeurs, ou faire procéder à la liquidation.

Le Directeur nommé en remplacement de celui qui sera décédé sera tenu de remplir les obligations de cautionnement imposées au Directeur décédé, et d'affecter au moins cinquante actions à la garantie de sa gestion. Comme compensation, il jouira de tous les avantages accordés à sa direction.

TITRE V.

Assemblées générales.

ART. 23.

Les Directeurs devront convoquer l'Assemblée générale des Actionnaires aussitôt qu'ils auront fait la déclaration prescrite par l'article deux ci-dessus, établissant que le capital social a été entièrement souscrit.

Les Actionnaires, réunis en assemblée générale, entendront les Directeurs dans leurs explications, et ils nommeront, s'ils le jugent convenable, une Commission, qui choisira des experts pour vérifier l'exactitude et la valeur des apports de M. Sensaud, fera son rapport, et donnera son avis à la prochaine réunion.

La seconde Assemblée générale aura lieu un mois au plus tôt après la première : elle entendra le rapport de ses Commissaires, donnera son avis sur la valeur des apports de M. Sensaud et sur les avantages stipulés au profit des Directeurs ; elle proclamera immédiatement la constitution définitive de la Société.

Les délibérations seront prises par la majorité des Actionnaires présents. Cette majorité devra comprendre le quart des Actionnaires, et représenter le quart du capital social en numéraire.

MM. Sensaud et . . . ., ne pourront prendre part au vote dans cette délibération.

ART. 24.

Une assemblée générale des Actionnaires aura lieu chaque année dans les premiers jours du mois de décembre, dans les bureaux qui seront créés à Saint-Junien.

Les Directeurs et le Conseil d'administration, dont il sera parlé ci-après, auront droit de convoquer extraordinairement les Actionnaires en assemblée générale toutes les fois qu'ils le croiront nécessaire. Ces convocations seront faites par lettre chargée, au moins deux jours avant celui fixé pour la réunion. Le but de la convocation devra être indiqué.

ART. 25.

Il est permis à un Actionnaire de se faire représenter aux assemblées générales par un autre Actionnaire ayant lui-même droit de voter. Le mandataire devra être porteur d'un pouvoir sous seing privé, sur timbre et légalisé.

Art. 26.

Tout propriétaire de deux actions nominatives ou au porteur a voix délibérative dans les assemblées générales.

Chaque Actionnaire a autant de voix qu'il possède de fois deux actions; néanmoins aucun Actionnaire ne peut réunir plus de dix voix, tant comme propriétaire d'actions que mandataire d'un autre Actionnaire.

Les Directeurs auront le droit de voter dans les mêmes conditions que les autres Actionnaires dans toutes les délibérations autres que celles mentionnées en l'article vingt-trois, dans lesquelles ils auront pourtant droit de discussion.

Art. 27:

L'Assemblée générale nomme son Président et son Secrétaire, qui choisissent deux scrutateurs pour composer le Bureau.

Les délibérations sont transcrites sur un registre spécial; elles sont signées par le Président et les membres du Bureau. Elles sont obligatoires pour tous les Actionnaires.

Art. 28.

Toute délibération doit être prise à la majorité des membres présents, comprenant au moins le quart des Actionnaires, représentant le quart du capital social en numéraire.

Dans les délibérations ayant pour but d'apporter des modifications au présent acte de société, les Actionnaires votants devront représenter au moins la moitié de ce capital.

Lorsqu'il s'agira d'un appel de fonds, tous les Actionnaires sans distinction seront appelés à prendre part à la délibération : l'unanimité sera nécessaire.

Art. 29.

Dans le cas où, sur une première convocation, il ne se trouverait pas un nombre suffisant d'Actionnaires pour remplir les conditions exigées par les deux premiers paragraphes de l'article ci-dessous, il sera fait une nouvelle convocation, conformément à l'article vingt-quatre. Les délibérations prises par les Actionnaires réunis en vertu de cette convocation seront valables, quels que soient le nombre d'actions et la portion du capital représentés.

Art. 30.

L'Assemblée générale nomme et renouvelle le Conseil d'administration, entend le compte rendu par les Directeurs des opérations de la

Société et de sa situation matérielle et morale, le rapport des membres du Conseil d'administration sur les comptes de la Direction ; elle les approuve ou les rejette, selon qu'elle le juge convenable, le tout en présence des Directeurs, qui n'ont pas, dans ce cas, voix délibérative, mais qui ont le droit de discussion.

Elle fixe les dividendes à répartir entre les Actionnaires, sur la proposition des membres du Conseil d'administration, propose et adopte toute modification aux Statuts de la Société.

TITRE VI.

Conseil d'administration.

ART. 31.

Le Conseil d'administration est composé de cinq membres, propriétaires de . . . . . . actions au moins, qui doivent être nominatives, ou rendues nominatives, et sont inaliénables pendant toute la durée de leurs fonctions.

Ils sont élus pour cinq ans, et sont renouvelés chaque année par cinquième. Lors de la première nomination, l'époque de la sortie de chacun d'eux sera déterminée par la voie du sort. Chaque membre sortant peut être indéfiniment réélu.

En cas de démission ou de décès de l'un d'eux avant l'époque de la cessation de ses fonctions, il sera pourvu à son remplacement dans la plus prochaine assemblée ; l'Actionnaire nommé ne remplira ses fonctions que pendant le temps que les aurait remplies l'Actionnaire décédé ou démissionnaire.

Si le Conseil d'administration, dans l'intervalle de deux assemblées générales, se trouve réduit à moins de trois membres, les Directeurs seront tenus expressément de convoquer une assemblée générale pour pourvoir aux vacances survenues.

ART. 32.

Les membres du Conseil d'administration sont chargés spécialement de surveiller la gestion de la Société, sans néanmoins pouvoir faire aucun acte d'administration. Ils vérifient les livres, la caisse, le portefeuille et les valeurs de la Société. Ils font chaque année un rapport à l'Assemblée générale sur les inventaires et sur les propositions de distribution de dividendes faites par les Directeurs.

ART. 33.

Le Conseil d'administration peut convoquer l'Assemblée générale. Il peut aussi provoquer la dissolution de la Société.

TITRE VII.

Dissolution. — Liquidation de la Société.

ART. 34.

La dissolution de la Société pourra avoir lieu avant le terme ci-dessus fixé pour sa durée, si la moitié du fonds social se trouve absorbée par des pertes ; et encore, dans ce cas, elle ne pourra être prononcée que par une majorité représentant les deux tiers des actions.

Cette délibération, prise dans la forme indiquée pour les assemblées générales, sera obligatoire pour les Actionnaires absents ou dissidents, sans qu'il soit besoin de faire prononcer en justice la dissolution de la Société à leur égard.

Dans tout autre cas où le Conseil d'administration croirait devoir provoquer la dissolution de la Société, cette demande ne pourrait être prise en considération que par une décision de la même majorité, et la dissolution n'aurait plus lieu alors de plein droit, mais devrait être poursuivie contre les Directeurs par des Commissaires nommés à cet effet.

ART. 35.

A l'expiration de la Société, ou dans le cas de dissolution avant le terme fixé, la liquidation en sera faite par les deux Directeurs, auxquels il pourra être adjoint un ou deux Commissaires spécialement nommés à la majorité des voix dans une assemblée générale.

Les Liquidateurs auront tous pouvoirs à l'effet de réaliser les propriétés mobilières et immobilières de la Société, soit par ventes amiables, soit par adjudication ou tout autre mode qu'ils jugeraient plus avantageux aux intérêts de la Société ; néanmoins ils ne pourront opérer aucune vente qu'en présence et du consentement de l'un des Commissaires.

La liquidation devra être mise à fin dans le délai d'une année : pendant ce temps, les Directeurs jouiront de tous les avantages qui leur seront assurés par ces présentes.

Les produits de la liquidation seront partagés entre tous les Actionnaires, au centime le franc de leurs actions.

ART. 36.

Dans le cas de décès de l'un des Directeurs, ses héritiers majeurs ou mineurs, ou tous autres ayants-cause, ne pourront pas faire apposer les scellés sur les biens de la Société, ni faire faire inventaire, ou s'immiscer en rien dans les affaires de la Société : ils seront tenus de s'en rapporter au dernier inventaire, qui fixera leurs droits.

Il en sera de même pour les héritiers de tous les autres Actionnaires. Dans tous les cas, les héritiers devront s'entendre pour se faire représenter par un seul d'entre eux.

TITRE VIII.

Dispositions générales.

ART. 37.

Dans le cas de difficultés relativement à l'exécution des présents Statuts soit entre les Actionnaires et les Directeurs, soit entre ces derniers et les Membres du Conseil d'administration, soit entre la Compagnie et quelques-uns des Actionnaires, elles seront jugées par le Tribunal de commerce de Rochechouart, conformément aux prescriptions de l'article six cent trente-et-un du Code de commerce.

ART. 38.

Tout pouvoir est donné au porteur des expéditions des présents Statuts à l'effet d'en faire les dépôts et publication voulus par la loi.

NOTICE.

—

Situation.

Les tuileries de Lavaud et de la Bretagne, sur la commune de Saint-Junien, à proximité de la Malaise, sont dans une vallée entièrement formée de terres argileuses d'une grande richesse.

Cette situation topographique est exceptionnellement avantageuse en ce qu'elle est à 5 kilomètres seulement de la gare de Saint-Junien, d'où les produits seront expédiés à peu de frais tant à Limoges qu'à Angoulème, deux centres importants qui s'approvisionnent actuellement à grands frais aux tuileries de Périgueux, Agen, Vierzon, Montchanin et Villeneuve-sur-Lot.

Les premiers architectes de Limoges, auxquels ont été soumis les terres et les produits fabriqués, ont été d'avis de déclarer que ces produits, manufacturés au moyen des machines puissantes actuellement en usage dans les grandes tuileries, seront d'une qualité égale, sinon supérieure, aux produits de Montchanin.

En complétant les tuileries de Lavaud et de la Bretagne par un outillage perfectionné, voici quelles seront par jour, les dépenses, les recettes et les revenus probables :

Dépenses par jour.

	fr.	c.
2 Directeurs, à 10 fr. par jour...............................	20	»
1 Contre-maître, à 2,400 fr. par an........................	6	58
1 Comptable, à 2,400 fr. par an............................	6	58
1 Chauffeur, à 1,800 fr. par an.............................	5	»
2 Cuiseurs, à 4 fr. par jour..................................	8	»
20 Ouvriers, à 2 fr. par jour.................................	40	»
1 Forgeron, à 4 fr. par jour..................................	4	»
1 Charpentier, à 3 fr. par jour..............................	3	»
Terre pour fabriquer 5,000 tuiles, de 13 au mètre : 3 mètres cubes par mille, à 3 fr. le mètre..............	45	»
Terre pour 5,000 briques, carreaux, etc., etc. : 1 mètre cube 1/2 par mille, à 3 fr. le mètre.............	22	50
Cuisson par 1,000, à 8 fr. le mille, soit 10,000 produits. ..	80	»
Huile pour comprimer les produits, par jour.............	5	»
Frais pour réclames, voyages, bureau, etc...............	10	»
Amortissement du matériel, etc............................	25	»
A reporter............................	280	66

	fr.	c.
Report...	280	66
Charbon pour la machine à vapeur, force 20 chevaux.....	30	»
Intérêts de 250,000 fr., à 5 p. º/º..................................	34	25
Patente et assurance contre l'incendie et autres risques, 6 fr. par jour...	6	»
Total............................	350	91

Recettes par jour.

	fr.	c.
5,000 Tuiles comprimées, 13 au mètre : Déchets 10 p. º/º, soit 4,500, à 135 fr. le mille sur place. .	607	50
5,000 Briques réfractaires, comprimées, creuses, porte-bouteilles, carreaux, etc., etc., à 30 fr. sur place : Déchets 10 p. º/º, soit 4,500, à 30 fr. le mille...............	135	»
Recettes........................	742	50
Dépenses........................	350	91
Bénéfice par jour...*.............	391	59

DÉPENSES.

	fr.	c.
Huit mois de travail, à 27 jours par mois ou 216 jours, soit 350 fr. 91 c. × 216 =.......	75,796	56

RECETTES.

	fr.	c.
Huit mois de travail, à 27 jours par mois ou 216 jours, soit 742 fr. 50 c. × 216 =...........	160,380	»
Recettes.	160,380	»
Dépenses.	75,796	56
Bénéfice net.	84,583	44

Quatre mois de repos.

	fr.	c.
Les employés suivants seront payés, plus les frais :		
2 Directeurs, à 300 fr. par mois......................	2,400	»
1 Contre-maître, à 6 fr. 58 c. par jour, 120 jours........	789	60
1 Comptable, à 6 fr. 58 c. — —	789	60
1 Chauffeur, à 5 fr. — —	600	»
10 Ouvriers, à 2 fr. — —	2,400	»
1 Forgeron, à 4 fr. —	480	»
1 Charpentier, à 3 fr. —	360	»
Amortissement pour le matériel en souffrance, 10 fr. par jour..	1,200	»
Intérêts de 250,000 fr., à 34 fr. 25 c. par jour............	4.110	»
Patente et assurance, à 6 fr. par jour..................	720	»
TOTAL......................	13,849	20

BÉNÉFICE..................	84,583	44
A déduire 4 mois pour la morte-saison	13.849	20
RESTE..................	70,634	24

Étant donné le bénéfice de l'exploitation..............	70,634	»
Il y a lieu de déduire le quart des bénéfices pour la direction, soit..	17,658	50
RESTE à distribuer entre cinq cents Actionnaires	52,975	50

Chaque action de cinq cents francs produira :

105 fr. 95 c. de dividende ;

Plus........	25	»	d'intérêts portés dans les dépenses,
soit un total de..	130	95	par action, ou 26 fr. 19 c. pour cent.

Limoges. — Imp. de Chapoulaud Frères
Rue Montant-Manigne, 7

www.ingramcontent.com/pod-product-compliance
Lightning Source LLC
LaVergne TN
LVHW010837180726
843502LV00009B/3601